AF542975

L7k
2..1

NOTICE

SUR

L'ÉGLISE D'ANCY.

NOTICE

SUR

L'ÉGLISE D'ANCY.

PAR M. L'ABBÉ PERIN,

Curé de cette Paroisse.[1]

L'église d'Ancy-sur-Moselle est un de ces rares monuments du moyen âge qui, par une providence toute particulière, ont échappé aux ravages du temps et aux révolutions dont le pays Messin a souvent été le théâtre avant sa réunion définitive à la France. On aime à penser qu'elle doit sa conservation à la protection de l'auguste Mère de Dieu à qui elle a été dédiée dès l'origine, sous le vocable de sa glorieuse Assomption.

La piété de nos pères, aidée par les dons généreux des évêques de Metz et des princes abbés de Gorze, la construisit telle qu'elle est aujourd'hui, du XIVe au XVe siècle; car elle porte tous les caractères architectoniques de cette époque.

A l'extérieur, il est vrai, elle n'offre rien de remarquable que sa hauteur, sa régularité, et le vernis vénérable de son antiquité. Du reste, elle est dépourvue de ces sculptures, arcs-boutants, clochetons et autres orne-

[1] Séance particulière du 5 juin, page 57.

ments qui décorent ordinairement les édifices religieux du style ogival; son caractère principal et son mérite réel consistent dans la sévérité des lignes, la simplicité des formes et l'unité de l'ensemble.

La façade est obstruée par une construction moderne qu'on désirerait voir disparaître, si la démolition de celle-ci ne devait pas nuire à la solidité de l'édifice, auquel elle semble servir de contrefort. Le portail est fort simple; le tympan, peu élevé, était autrefois couvert de sculptures en bas-relief qui ont disparu.

A la droite du portail, s'élève une tour massive, construite entièrement en pierres de taille de mêmes dimensions, parfaitement unies et juxtaposées. Son style accuse une époque antérieure de trois siècles à celle du reste de l'église. Elle est percée à plusieurs étages de petites fenêtres étroites et en plein cintre. Au côté S. O., deux de ces fenêtres sont accouplées et font retomber leur arcade sur le chapiteau d'une colonne monolythe engagée à mi-épaisseur du mur; la porte d'entrée n'a qu'un mètre de hauteur sur 50 centimètres de largeur. Tout porte à croire que la solidité de cette construction romane, placée au centre du fort, [1] son élévation, son isolement primitif en faisaient un point de défense ou d'observation; son état actuel à l'intérieur ne permet pas de juger si elle a pu renfermer un four ou une cheminée, ni à quel usage domestique elle a servi. Cette tour est coupée brusquement à une hauteur d'un mètre au-dessus du faîte de la toiture de l'église; on y a élevé une cage en bois qui renferme les cloches; cette cage est surmontée d'une flèche octogone couverte en ardoises, lourde et informe construc-

[1] Le fort dont il est ici question a joué un rôle dans l'histoire du pays, il se reconnaît encore à de nombreux vestiges.

tion que le bon goût réprouve et qui appelle un autre couronnement.

L'église d'Ancy a trois nefs : sa longueur totale est de 24^{m},50 dans œuvre ; sa hauteur, de 10^{m},80 sous voûte; sa largeur, dans les transepts, de 13^{m},95. Le plan est en forme de croix latine, et l'abside tournée vers l'orient, suivant les prescriptions liturgiques. Les colonnes sont au nombre de huit ; les deux premières de chaque côté sont engagées dans la muraille et ornées de chapiteaux soit à feuilles de chou ou de laitue, soit à crochets ou volutes. Toutes les autres colonnes, sans exception, ainsi que les pilastres d'où partent les arceaux et les nervures des nefs et du sanctuaire, sont dépourvus de chapiteaux ; leur fût est svelte et de forme ronde.

Toutes les voûtes de la nef, du sanctuaire, des transepts et des bas côtés sont bien ordonnancées, soutenues et divisées par des arceaux et des nervures prismatiques. Mais celles du sanctuaire et des transepts principalement se ramifient et se croisent en tous sens. Dans le sanctuaire, et au-dessus du maître-autel, elles forment par leur réunion sept rayons d'étoiles dont chaque point d'intersection est orné d'écussons armoiriés. A la clef principale, on en remarque un de grande dimension, qui semble être celui d'un des cardinaux de Lorraine, évêque de Metz et abbé de Gorze. Malheureusement la plupart de ces écussons ont été grattés ou empâtés par un épais badigeon.

L'église est éclairée par vingt-deux fenêtres, en y comprenant la rose qui surmonte le portail. Un simple œil de bœuf est percé dans la chapelle des fonts. La nef du milieu a six fenêtres au-dessus des travées. Celles de gauche sont à arcades trilobées, et celles de droite en plein cintre. Celles du chœur, des transepts et des collatéraux, élevées, bien ouvertes et parfaitement dessinées, forment un bel ensemble. Sept sont géminées, et les deux qui terminent les transepts sont unies trois à trois et divisées chacune par des meneaux réunis à la hauteur des cintres par des trilobes allongés et pointus. Elles offrent une variété infinie de formes et de découpures, telles que des groupes de triangles ou de quadrilatères curvilignes ou autres courbes composées de trèfles, de quatre feuilles, de cœurs, etc. Les six fenêtres des collatéraux viennent d'être garnies de vitraux blancs à encadrements de couleurs variées. On y a replacé avec soin des figures, des emblèmes religieux, de petits médaillons en grisaille recueillis dans les débris des anciens vitraux; quelques fleurs ou étoiles ornées en mosaïques produisent un assez heureux effet.

La rose, divisée par huit meneaux trilobés, occupe le sommet de la façade; son style est le même que celui des fenêtres. Les panneaux portent chacun 95^{c} de longueur sur 45^{c} dans leur plus grande largeur; ils sont en verres peints sortis des ateliers de MM. Maréchal et Gugnon. On ignore si l'église a été ornée autrefois de verrières peintes; du moins il n'en demeure ni traces ni souvenirs. Un seul panneau de 80^{c} sur 50^{c}, encadré dans la fenêtre du transept de gauche, représente saint François d'Assise recevant les stygmates; c'est une simple grisaille sur un fond bleu uni. Il ne reste plus de la légende que quelques lettres qui ne permettent pas d'en retrouver le sens.

L'église est soutenue extérieurement, au chevet et dans toute la longueur du côté S. O., par des contreforts engagés dans les murs. Le collatéral de gauche en est dépourvu, probablement parce qu'il est appuyé sur un ancien mur en moellons d'une épaisseur de près de deux mètres, fraction de la seconde enceinte du fort. Le transept y pose également.

Le chœur qui est pentagone, les chapelles de la Sainte-Vierge et de saint Sébastien, ainsi que les transepts jusqu'à l'origine des bas côtés, sont revêtus d'une boiserie en chêne, avec corniches et pilastres, du style Louis XV. Les autels collatéraux y sont appliqués, ou plutôt forment corps avec cette boiserie. Il est bien à regretter que le tout soit un contresens au genre d'architecture ogivale, et surtout que le bois ait été couvert et dénaturé par plusieurs couches de vernis ou de détrempe, des couleurs les plus disparates.

Le grand autel, en marbres divers, est moderne, mais de très-bon goût et d'une belle conservation.

La chaire est du même style que la boiserie et sûrement de la même époque. Les sculptures qui en ornent le pourtour, la rampe et le couronnement, sont estimées.

La pierre des fonts baptismaux se compose d'un socle carré et d'un bassin octogone ornés de boudins en relief et d'arabesques incuses. Elle porte le millésime 1607.

L'église contenait un certain nombre de monuments funéraires, épitaphes, inscriptions, armoiries, etc. Le vandalisme révolutionnaire a tout arraché, brisé et dispersé. Le zèle et la fermeté du maire d'Ancy, à cette époque, n'ont réussi qu'à sauver de la destruction quelques écussons formant les clefs des voûtes du sanctuaire et des bas côtés, ainsi que la chaire à prêcher. Quelques débris épars, quelques tronçons informes de statues n'offrent aucun intérêt pour l'art ou l'histoire.

Telle est l'église d'Ancy-sur-Moselle, telle elle se présente dans son ensemble et dans toutes ses parties. Mais quoiqu'elle paraisse être encore solide et promettre une longue durée, il est bien important, bien instant d'y faire des travaux de restauration et de consolidation tant à l'intérieur qu'à l'extérieur. Presque tous les contreforts qui soutiennent ses murs, surtout au S. O., ont leurs bases endommagées; les pierres, en grand nombre, se détachent successivement; les murs se déchaussent et manquent de crépis. La belle fenêtre du transept de droite est à remplacer entièrement; ses meneaux sont ébranlés; les trèfles, les lobes disjoints, laissent passer les vents et la pluie; et déjà l'humidité qui s'introduit avec eux dans l'édifice, a fait surplomber la corniche de la boiserie et en a disloqué les panneaux. Les toitures des bas côtés s'affaissent sur elles-mêmes et n'ont pu se soutenir jusqu'à présent que par des étais appuyés sur les voûtes. La voûte de la grande nef est elle-même disjointe de chaque côté et dans toute sa longueur. Il faudra remplacer également toutes les vitres dont les plombs oxidés ne peuvent plus soutenir les verres et menacent de s'effondrer. Toutes ces dégradations et plusieurs autres ont été constatées par M. Gautiez, architecte.

Il n'est point étonnant que les choses en soient arrivées à ce point. Depuis 1778, il n'a été fait aucune réparation à l'église d'Ancy. Jusqu'à cette époque, les RR. PP. Bénédictins de l'abbaye de Saint-Vincent de Metz, grands décimateurs dans cette communauté, étaient, en cette qualité, chargés des dépenses, réparations et constructions à faire à son église; mais souvent elles étaient omises ou différées. Quarante mille livres, produit d'une coupe de bois extraordinaire, furent consacrées à rehausser ses murailles, à renouveler la charpente qui posait, avant cela, sur les voûtes, à refaire les toitures, la boiserie, les autels, la chaire et les bancs. Malgré cet énorme sacrifice fait par la communauté d'Ancy, il restait encore quelques dettes à payer. A la requête de Messire Richard Théophile de Soucelier, archiprêtre du Val de Metz et curé de ladite paroisse, ainsi que du corps municipal, les Religieux Bénédictins furent condamnés par une sentence du Bailliage de Metz, du 14 juin 1786, à payer la somme de trois cent soixante-dix-huit livres, dix-neuf sols pour le complément des réparations, etc. On ne conserve aucun souvenir plus récent de restaurations faites à Notre-Dame d'Ancy. Vint la révolution...... J'ai dit plus haut les déplorables ruines de notre sanctuaire.

A l'époque du concordat, les administrateurs de la fabrique et les magistrats municipaux ne purent pourvoir que bien strictement à rendre à l'église les objets nécessaires à la célébration du culte et à lui fournir un modeste mobilier; ce qui a eu lieu, d'année en année, avec un zèle digne d'éloges.

Aujourd'hui, il est enfin permis d'entrevoir un avenir plus prospère...... Grâce au vote important du conseil municipal (près de 5000 francs), la maison de Dieu sera relevée de ses ruines, ses brèches seront réparées et les dernières traces des jours mauvais disparaîtront. Espérons que le Gouvernement, prenant en considération le sacrifice que la commune s'impose, accueillera favorablement une demande de secours, appuyée tout récemment par M. le Préfet; ainsi s'achèverait l'œuvre qui va être commencée.

Considérée comme monument historique, l'église d'Ancy n'est pas moins remarquable et digne d'être conservée à cause des souvenirs qui s'y rattachent: souvenirs honorables pour les habitants de cette commune ainsi que pour le pays Messin. Placée au centre d'un fort, environnée autrefois d'une double enceinte de murailles, défendue par plusieurs tours crénelées et percées de meurtrières et de machicoulis, elle était séparée des autres habitations du village par des fossés d'une largeur et d'une profondeur de plus de vingt pieds. Pendant les guerres et les invasions de Lorraine, si fréquentes au moyen âge, elle servait de refuge et de point de défense. Les annales de notre pays en fournissent la preuve, en même temps qu'elles témoignent de la fidélité des Anceyens aux magistrats de la cité et de leur courage persévérant pour défendre ses droits.

De toutes les circonstances où les habitants de ce village se signalèrent, il n'en est pas de plus remarquable que celle du siége qu'ils soutinrent vaillamment contre l'armée de René II, duc de Lorraine et de Bar. Après les tentatives inutiles que fit, à plusieurs reprises, Henri de Lorraine, évêque de Metz, pour réconcilier ses diocésains avec son neveu et mettre un terme aux maux de la guerre, René vint à Pont-à-Mousson, le 16 février 1490, avec une armée de quatre mille fantassins et de quatre cents cavaliers. Le lendemain, « ledit duc de Lorraine, avec toute sa puissance, » s'en alla assiéger le moustier de la ville d'Ancy qui pour » lors estoit réputé fort, et boutton le feu en plusieurs » maisons. [1] »

Les assiégeants firent jouer continuellement leur grosse artillerie contre l'église, et les détonations des bombardes étaient telles qu'on les entendait très-distinctement de la cité. Les Messins, placés sur les portes, hautes tours et clochers de leur ville, voyaient la détresse de ceux d'Ancy sans pouvoir leur porter aucun secours. Résolus de se défendre jusqu'à la dernière extrémité, cent quarante hommes, leurs femmes et leurs enfants, s'étant enfermés dans l'église, soutinrent comme de vaillants champions tous les efforts des Lorrains et leur firent

[1] Voir *les Chroniques de la ville de Metz*, recueillies, mises en ordre et publiées pour la première fois, par J.-F. Huguenin, page 497.

essuyer des pertes considérables. Mais ceux-ci, voyant que les secours attendus par les assiégés n'arrivaient pas, serrèrent le fort de plus près. Ils roulèrent dans les fossés des tonneaux remplis de terre, et en firent comme un pont pour donner l'assaut. Pendant trois heures, René éprouva une vive et énergique résistance; il perdit cent cinquante des siens et six gentilshommes des plus valeureux. Le découragement s'empara de lui et de son armée, et déjà il se disposait à lever le siége, quand la trahison vint relever ses espérances et le rendit maître du fort d'Ancy. Un des assiégés ouvrit une poterne par laquelle les Lorrains pénétrèrent dans l'église. Ses défenseurs, dignes d'un meilleur sort, pris entre deux feux, succombèrent écrasés par le nombre. Ils furent passés au fil de l'épée, à l'exception de trente-six pour lesquels le duc exigea une rançon, et de deux que réclama l'abbé de Gorze. Le brave commandant du fort, Lemal Perrin d'Ancey, pris et condamné par un ennemi peu généreux, fut pendu à un arbre, sur la place où se célèbre ordinairement la fête de la commune, et les traîtres furent récompensés.

Après ce massacre, les femmes et les enfants furent chassés de l'église, laquelle fut entièrement pillée et livrée aux flammes. On voit encore aujourd'hui, dans l'intérieur de la tour, au-dessus des combles et au chevet du sanctuaire, nombre de pierres rougies et calcinées, témoins muets et irréfragables de cette déplorable catastrophe.

Le naïf chroniqueur à qui nous devons ce récit, le termine par ces réflexions bien dignes de sa foi et de son patriotisme : « Et comme il est récité sur l'exposition du » deuxiesme chappistre du premier livre et vollume de » Saint-Augustin, *de Civitate Dei*, les Gothz, payens et » ydollaitres furent et estoient de meilleure sorte et cons-

» cience que ne sont plusieurs princes, seigneurs et capitaines chrestiens, car Alarich, roi des Gothz, comanda » que on ne fist aulcun mal à tous ceulx qui s'en fuyeroient dedans les églises, espécialement dedans les » églises de Sainct-Pierre et Sainct-Pol : laquelle chose » fut observée par iceulx payens ydollaitres. Et les Lorains » qui sont chrestiens, n'espargnèrent point l'église de » Notre-Dame, Vierge-Marie, Mère de Dieu, qui est » l'église d'Ancey, fondée en l'honneur d'icelle; car ils » ne firent mie comme les Gothz qui, pour l'honneur des » apostres de Jhesucrist, espagnèrent ceux qui estoient en » leur église. Et puelt icy sembleir, si les payens ydollaitres espargnoient les églises et chrestiens pour » l'honneur des serviteurs et disciples de Jhesucrist, que » les chrestiens, pour l'honneur de la mère, debvoient » trop mieulx supporteir en tel lieu leurs frères chrestiens. » Et de ce on puelt veoir le boin volloir des supérieurs » d'iceulx qui avoient la puissance de à ce donneir ordre, » quel estoit leur volloir et intention, sinon aultre que » tendant à pilleries et destruction de pays et occision de » gens, qui n'est point la guerre des princes du passé, » qui ne tendoient que à conquestier pays, avoir obeyssance et y mettre leur loy, et non ainsy faire, comme » il fut fait au moustier d'Ancey, etc. [1] »

[1] Voir *les Chroniques de la ville de Metz*, etc., page 498.

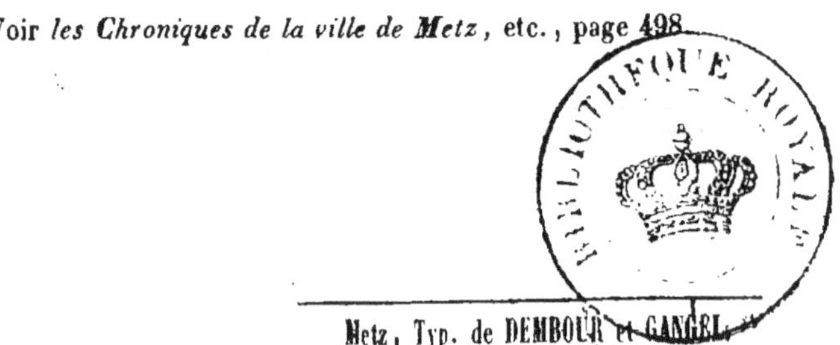

Metz, Typ. de DEMBOUR et GANGEL.

www.ingramcontent.com/pod-product-compliance
Lightning Source LLC
LaVergne TN
LVHW020511230826
846091LV00008BA/3457

* 9 7 8 2 0 1 3 6 7 7 3 6 3 *